꿈과 용기를 심어준 사람들

광개토 대왕

신인래 글 · 이남구 그림

우리 나라 대한민국은 얼마나 클까요?
세계 지도를 펼치고 우리 나라를 찾아보세요.
그리고 다른 나라와도 비교해 보세요.
'우리 나라는 왜 이렇게 작지?'
'다른 나라보다 우리 나라가 훨씬 작은데!'
이렇게 말하는 친구들이 있을 거예요.
하지만 아주 옛날, 우리 나라는 아주 큰 땅을
가지고 있었어요. 지금부터 우리 나라의 역사를
자세히 들여다보면, 지금 우리 나라가
다른 나라에 비해 작다고 느껴지지 않을 거예요.

오래 전, 우리 나라는 고구려, 백제, 신라로 나뉘어
있었어요. 어느 날, 고구려의 서울 국내성에 있는
궁궐 주위에 많은 사람들이 가득 모여 있었어요.
"아니, 오늘 웬 사람들이 이리 많이 모인 거지?"
"아, 오늘이 담덕 왕자님이 태자가 되시는 날이 아닌가!"
"그렇구먼, 오늘이야말로 잔칫날일세."
궁궐 안과 밖은 흥겨움이 넘쳐났어요.
고국양왕은 오색 구슬로 장식된 관을 태자의 머리에
씌워 주었어요. 태자의 모습은 믿음직스러웠지요.
고국양왕은 그런 태자를 보며 마음이 든든했답니다.

담덕은 어릴 때부터 글공부뿐만 아니라 무예도 뛰어났어요.
또한 다른 사람들보다 몸도 크고 용기도 대단했지요.
"역시 한 나라의 주인이 될 분은 어디가 달라도 달라."
"그러게 말이야. 앞으로 훌륭한 임금님이 될 거야."
사람들은 입에 침이 마르도록 담덕을 칭찬했어요.
담덕은 뛰어난 무예 솜씨로 많은 병사들을 직접 훈련시켰지요.
또한 새벽이면 궁궐 밖으로 나와 말을 타고 달려
몸을 튼튼하게 했답니다.
'적을 이기기 위해서는 우선 내 몸부터 강하게
만들어야 한다. 그래야 고구려를 지킬 수 있다.'
담덕은 마음 속으로 다짐하며 끊임없이 힘을 길렀어요.

어느 날 새벽, 담덕은 언제나처럼 사냥터로 달려갔어요.
험한 산길을 쉬지 않고 올라갔지요.
담덕은 산꼭대기에 올라 저 멀리 펼쳐진 만주 벌판과
산봉우리들을 바라보았어요.
'저 넓은 땅은 우리 고구려인의 꿈이다!'
그 때였어요. 큼지막한 호랑이가 나타나 날카로운 이빨을
드러내며 담덕을 노려보았어요. 담덕은 깜짝 놀랐지만
정신을 차리고, 천천히 호랑이의 눈을 뚫어지게 쳐다보았어요.
그러자 호랑이는 담덕의 기세*에 눌려 슬그머니 도망쳤답니다.

*기세 : 남이 두려워할 만큼 세차게 뻗치는 힘.

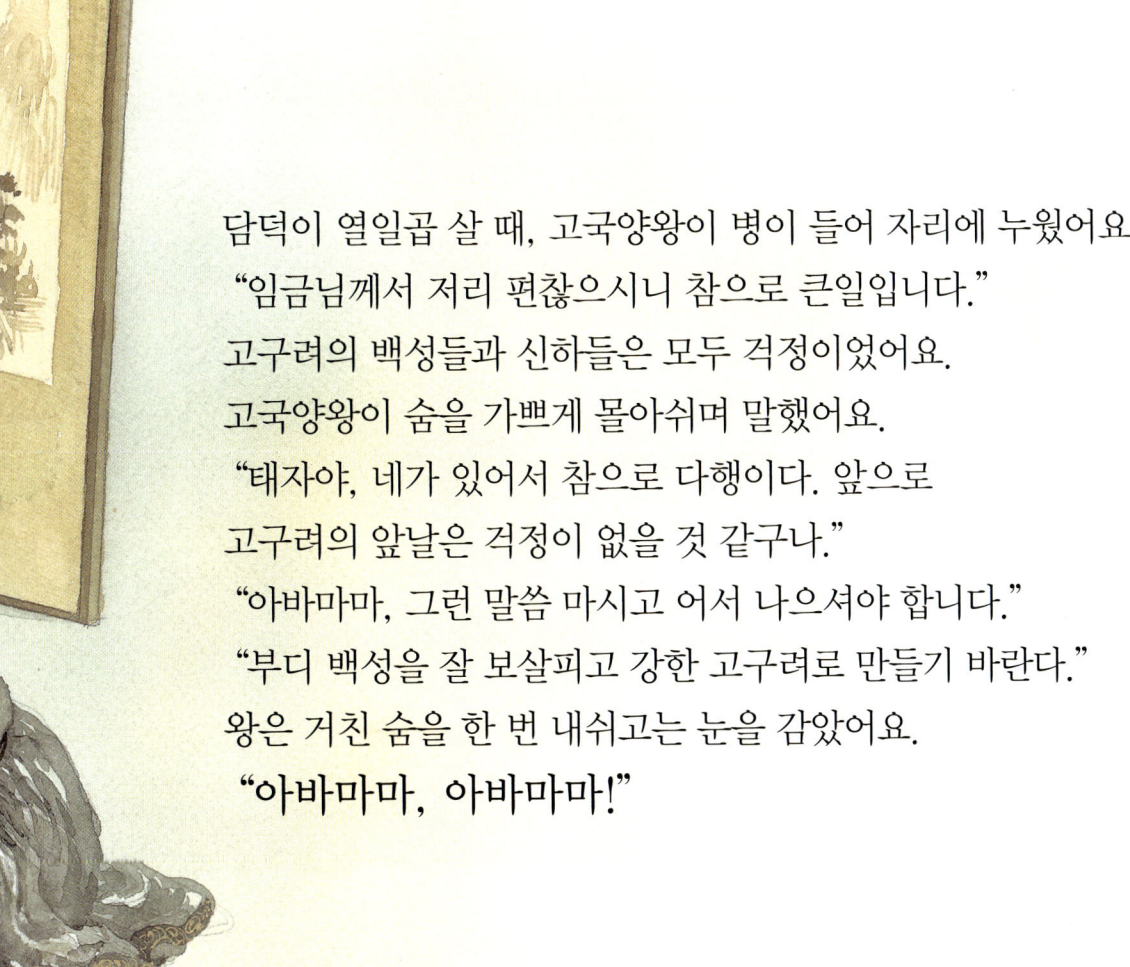

담덕이 열일곱 살 때, 고국양왕이 병이 들어 자리에 누웠어요.
"임금님께서 저리 편찮으시니 참으로 큰일입니다."
고구려의 백성들과 신하들은 모두 걱정이었어요.
고국양왕이 숨을 가쁘게 몰아쉬며 말했어요.
"태자야, 네가 있어서 참으로 다행이다. 앞으로
고구려의 앞날은 걱정이 없을 것 같구나."
"아바마마, 그런 말씀 마시고 어서 나으셔야 합니다."
"부디 백성을 잘 보살피고 강한 고구려로 만들기 바란다."
왕은 거친 숨을 한 번 내쉬고는 눈을 감았어요.
"아바마마, 아바마마!"

아버지를 잃은 담덕의 마음은 허전하고 슬펐어요.
"태자마마, 임금의 자리는 한시도 비워 둘 수 없습니다."
신하들은 서둘러 담덕을 임금으로 세웠어요. 이분이
고구려의 제19대 임금인 광개토 대왕이에요. 광개토 대왕은
왕위에 오르자마자 나라를 다스리는 데 온 힘을 다했어요.
잘못된 것을 바로 잡았으며, 백성들이 살기 좋도록
새롭게 법을 정했지요.
"참으로 우리 임금님은 좋은 분이에요."
"그럼요. 정말 훌륭한 분이지요."
백성들은 하나같이 광개토 대왕을 칭찬했답니다.

광개토 대왕은 군사들을 이끌고 남쪽으로 내려갔어요.
백제가 가끔 쳐들어와 국경을 어지럽히기 때문에
백제를 혼내 주기 위해서였지요.
"저것이 백제의 성이다. 공격하라!"
광개토 대왕의 명령에 불화살이 백제의 성으로 날아
들어갔어요. 하늘은 금세 붉은 노을이 지는 듯했지요.
"싸워라! 쳐부숴라!"
적이 쳐들어오는 것도 모르고 잠들어 있던 백제 군사들은
고구려 군의 공격에 정신을 차리지 못했어요. 결국 제대로 싸워
보지도 못하고 성을 빼앗기고 말았지요. 고구려는 한 달 동안
백제의 성을 열 개나 빼앗아 고구려의 땅으로 만들었답니다.

광개토 대왕은 북쪽에 있는 오랑캐를 물리치기로 했어요.
"오랑캐에게 빼앗긴 우리 땅을 찾아야 한다! 가자, 북쪽으로!"
용감한 고구려 군사들 앞에 오랑캐 역시 쉽게 무너지고
말았어요. 고구려는 이제 어느 나라도 감히 넘볼 수 없을 만큼
아주 강한 나라가 되었지요.
"참으로 훌륭히 잘 싸워 주었다. 이렇게 고구려가 강한 것은
우리 백성과 많은 군사들의 힘이 하나가 되었기 때문이다!"
광개토 대왕은 백성들과 군사들을 칭찬해 주었어요.
그 뒤, 백제는 여러 차례 고구려를 쳐들어오려고 했어요.
하지만 강한 고구려의 힘을 꺾을 수가 없었답니다.

마침내 백제 왕은 항복을 했어요. 광개토 대왕은
아주 정중하게 백제 왕을 맞이했답니다.
"어서 오세요. 기다리고 있었습니다."
신하들을 백제 왕에게 말을 높이는 광개토 대왕을
이해하지 못했어요.
"대왕마마, 어찌 적인 나라의 왕에게 말을 높이시옵니까?"
"아무리 적의 나라 왕이라 해도 많은 백성들의 왕임에는
틀림없거늘, 내 어찌 함부로 할 수 있겠느냐!"
백제의 왕과 신하들은 광개토 대왕의 친절에 어쩔 줄 몰라
했어요. 백제는 고구려와 사이좋게 지내기로 약속했답니다.

광개토 대왕은 계속해서 땅을 넓혀 갔어요. 그러는 사이 백제 왕은 약속을 어기고 고구려를 쳐들어가려고 생각했어요.
'쳇, 내가 고구려의 왕 따위와 한 약속을 지킬 줄 아느냐? 절대로 우리 백제 땅을 포기하지 않겠다!'
백제 왕은 몰래 군사들을 훈련시켰어요. 하지만 백제의 군사는 고구려를 쳐들어가기에는 턱없이 모자랐지요. 백제 왕은 하는 수 없이 고구려를 쳐들어가기 위해 왜나라*의 도움을 받기로 했어요.
"먼저 신라부터 무찔러서 우리의 힘을 키워야 한다!"
백제 왕은 왜나라와 손을 잡고 신라로 쳐들어갔어요.

*왜나라 : 지금의 일본.

"백제군과 왜군들이 쳐들어온다!"
다급해진 신라 왕은 고구려에 도움을 청했어요.
"우리를 도와 주십시오. 백제는 왜나라와 손을 잡고 신라를
위협하고 있습니다. 아마 신라가 저들의 손에 넘어가면,
분명 다음은 고구려 차례일 것입니다."
"음, 감히 나와 한 약속을 어기다니. 용서하지 않겠다!"
광개토 대왕은 고구려 군사 5만 명을 신라로 보내 백제군과
왜군을 물리치도록 도와 주었어요.
용감한 고구려 군사들을 보고 백제 군사들은 도망치기에
바빴지요. 결국 고구려는 이 싸움을 큰 승리로 이끌었답니다.

광개토 대왕은 왕자로 있을 때부터 중국에 자리한
연나라를 치는 것이 꿈이었어요. 광개토 대왕은
오랜 시간을 두고 방법을 세웠어요.
"연나라가 다시는 우리 땅을 넘보지 못하도록 하겠다.
자, 연나라를 향해서 가자!"
광개토 대왕은 군사들을 지휘하며 앞으로 나아갔어요.
고구려 군사들은 순식간에 연나라의 여러 성을 무찔렀어요.
광개토 대왕은 계속해서 북쪽으로 나아갔어요.
마침내 광개토 대왕은 드넓은 북쪽 땅을 고구려의 땅으로
만들었답니다. 꿈이 이루어진 것이지요.
"고구려 만세! 광개토 대왕 만세!"

그 동안 광개토 대왕이 넓힌 고구려의 땅은
어마어마했어요. 광개토 대왕은 마지막으로 동부여를
고구려의 땅으로 만들려고 했어요. 하지만 다시는 백성들과
군사들이 싸워서 죽고 다치는 일이 없도록 하고 싶었지요.
광개토 대왕은 군사들을 이끌고 앞장서 나아갔어요.
"동부여는 우리 고구려와 같은 땅이지 않았소?
우리와 함께 잘 살아 봅시다."
"네, 그렇게 하겠습니다."
광개토 대왕은 백성들이 편안히 살 수 있도록
밤낮으로 나라일을 보았어요. 주변의 작은 나라들도
광개토 대왕의 힘과 지혜를 믿고 따랐답니다.

쉴새없이 일했던 광개토 대왕은 몸이 몹시 약해져서
자리에 눕게 되었어요.
"대왕마마, 힘을 내시옵소서!"
"아바마마, 어서 일어나시옵소서! 많은 백성들이 아바마마를
걱정하고 있사옵니다."
하지만 많은 신하들과 백성들의 바람에도 불구하고,
광개토 대왕은 마흔 살의 나이에 세상을 떠나고 말았답니다.
광개토 대왕이 세상을 떠나고 태자인 거련이 왕위에
올랐어요. 이분이 장수왕이에요. 장수왕은 광개토 대왕의
업적을 높이 기리기 위해 국내성에서 가까운 곳에
커다란 기념비를 세웠답니다.

광개토 대왕의 발자취

(375~413년)

375년	고구려 국내성에서 태어남.
386년	태자로 책봉됨.
391년	고구려 제19대 왕위에 오름.
392년	4만 군사로 백제를 쳐서 석현성, 관미성 등 10여 성을 빼앗음.
396년	백제의 58개 성을 빼앗음.
400년	신라의 요청으로 군사를 보내어 왜군을 물리침.
402년	연나라 숙군성을 물리침.
410년	동부여를 복종시킴.
413년	세상을 떠남.

▲ 광개토 대왕의 영토 확장을 그린 민족 기록화

◀ 광개토 대왕의 초상

▲ 광개토 대왕릉비

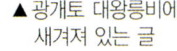
▲ 광개토 대왕릉비에 새겨져 있는 글

▲ 무덤이나 건물에 깔았던 고구려의 벽돌

▲ 도교 사상을 엿볼 수 있는 고구려 벽화인 현무도

▲ 광개토 대왕의 무덤으로 알려진 장군총

꿈과 용기를 심어 준 사람들
광개토 대왕

광개토 대왕릉비에 대하여

　광개토 대왕릉비는 광개토 대왕이 죽은 뒤 광개토 대왕의 뒤를 이어 고구려의 왕이 된 장수왕에 의해 세워졌어요. 비가 세워진 위치는 고구려의 수도였던 국내성 근처, 지금의 중국 땅 길림성 부근이지요. 광개토 대왕릉비에는 고구려의 건국 신화를 비롯하여 시조 동명성왕부터 광개토 대왕까지 각 왕들에 관한 짧은 글이 새겨져 있어요. 또한 가장 중요한 부분인 광개토 대왕의 업적에 관한 부분이 새겨져 있지요.

　광개토 대왕릉비의 글을 보면 광개토 대왕이 우리 민족사상 가장 넓은 영토를 차지했던 것을 알 수 있어요. 그래서 '땅을 넓힌 왕'이라는 뜻의 광개토 대왕으로 불리게 된 것이지요. 또한 광개토 대왕릉비에는 '대왕이 왕위에 있었을 때는 나라가 부강하고 백성들이 편안하였으며, 곡식이 풍성하였다.'라는 내용도 쓰여 있어요.

　이것을 보면, 광개토 대왕이 영토를 넓혔을 뿐 아니라 백성을 보살피는 일에도 노력을 기울였던 어진 왕이었던 것을 알 수 있답니다.